Piratas
del siglo XXI

Phillips Tahuer
Ediciones Afrodita

Índice

Capítulo 1
Piratería marítima

La evolución de la piratería en el mar

La imagen estereotipada de un pirata es la de un hombre de mediana edad con un parche sobre un ojo, un sombrero de tres picos y posiblemente un gancho metálico por brazo, como el Capitán Garfio. La literatura clásica como "La isla del tesoro" y el cine con Jack Sparrow construyeron el amor por los piratas y realzaron su condición mítica. Pero los piratas reales no se parecen a la versión de los "dibujos animados". Los piratas marinos eran y siguen siendo el tipo de personas con las que definitivamente nunca se querrá estar, ya que su único objetivo es robar o saquear cualquier barco que pase por su territorio.

Los piratas en el mar han sido una molestia para los marineros y comerciantes durante siglos. Paralelamente a la existencia del transporte al comercio marítimo, también se encuentra la piratería, que se ha extendido profundamente en las aguas de

Europa, el Sudeste Asiático, el Este y Sur de Asia, el Golfo Pérsico, Madagascar, las Islas Canarias, América del Norte y el Caribe.

Historia de los piratas del mar

Los piratas existen en el siglo XXI, en una variedad de formas:

•	Piratería de contenidos (música, películas, juegos, etc.) y software.
•	Contrabando de cigarrillos y medicamentos falsificados.
•	Piratas del mar.

Dejando de lado el robo de derechos de autor y el contrabando para los otros capítulos, existen auténticos piratas marinos en pleno siglo XXI. Esto es resultado de las malas condiciones de vida en áreas problemáticas y poco controladas del globo como el Caribe, las islas de Indonesia, Somalia y Nigeria.

A fines del primer tercio del siglo XVIII, varias potencias europeas pudieron, si no derrotar por completo, al menos arrinconar a los piratas. El hecho es que a medida que aumentaba la flota, incluidas las fuerzas armadas, las principales potencias europeas, como Gran Bretaña, Francia y España, pudieron enviar fuerzas militares bastante significativas a sus posesiones coloniales sin perjuicio de la protección de sus principales territorios. Como resultado, la armada oficial comenzó a superar la fuerza y las capacidades de los piratas. Todo esto, junto con el endurecimiento de las penas por piratería y el cierre de varios resquicios legales, hizo que cada vez hubiera menos personas dispuestas a involucrarse en el peligroso negocio de la piratería. El riesgo comenzó a pesar más que la posible recompensa, y no hay tanta que ame el riesgo por el riesgo mismo.

El hecho es que a medida que se acercaba y se ponía en marcha la revolución industrial, la base de la economía cambió. Ahora se volvió importante no solo tener recursos y la capacidad de comercializar estos recursos y beneficiarse de ellos, sino que hubo beneficios de nuevos inventos.

El comercio marítimo cambió; ya no era tanto oro u manufacturas las que se enviaban por barco, sino acero y carbón que las industrias locales necesitaban. El negocio de la piratería ya que se había vuelto algo complicado y poco rentable.

Todo esto junto condujo al hecho de que la población de piratas disminuyó considerablemente. Y los principales focos del negocio de la piratería se habían desplazado hacia países de bajo desarrollo económico. Los casos de piratería costera fueron muy comunes en el siglo XIX en el norte de África, donde los principales beneficiarios de dicha piratería fueron los gobiernos nativos. ¿Qué estaban haciendo? Ofrecían a las potencias europeas, cuyas rutas comerciales pasaban por sus territorios, el pago de un "peaje", simplemente para evitar que sus barcos fueran atacados. Es decir, en realidad estaban involucrados en el crimen organizado. ¿Por qué los estados europeos acordaron pagar tal tributo en lugar de poner las cosas en orden y arreglar las cosas? De hecho, el pago era una forma mucho más barata de solucionar el problema que enviar una armada a estos territorios e intentar resolver el problema por la fuerza.

No se debe pensar que la piratería se concentró en ese momento solo en el norte de África. Los piratas estuvieron activos durante todo el siglo XIX en el sudeste asiático y en casi todo el Océano Índico. También se quedaron en el Caribe. Pero la piratería ahora estaba más localizada en estas regiones, y los europeos solo lo notaron cuando afectó a sus barcos. Pero sus buques rara vez fueron atacados. La razón de esto era simple: los piratas sabían que, si atacaban barcos propiedad de grandes compañías británicas u holandesas, esto inevitablemente conduciría a serias represalias por parte de las autoridades, algo que los piratas ciertamente intentaron evitar.

Por lo tanto, la parte principal de la piratería en estas regiones se redujo a acciones entre sí. Es decir, a la piratería a nivel local. En el Sudeste Asiático, sin embargo, también se dirigió una gran cantidad de actividades de piratería contra China, pero nuevamente, esta no es una potencia europea, ni era una potencia como en la actualidad.

Al igual que en el período de la antigüedad, en Asia, la piratería en el siglo XIX se consideraba una ocupación digna, respetada e incluso algo prestigiosa. Asentamientos enteros estaban involucrados en la piratería. La élite local financiaba las expediciones piratas y la población local proporcionaba una afluencia de voluntarios que llevaban a cabo las operaciones de asalto.

Dado que esta piratería era esencialmente costera y no requería largos períodos en el mar, las tripulaciones piratas ya no formaban tripulaciones estables. Más bien, la gente simplemente se reunía para otra aventura en el mar. Es posible que hubiera algún tipo de columna vertebral de los equipos piratas, alrededor de la cual ya se había formado el equipo en su conjunto. Pero, en cualquier caso, mientras la piratería se mantuvo a nivel local y no causó mucho daño al comercio de las potencias mundiales, los europeos le prestaron poca atención.

A lo largo del siglo XX, el problema de la piratería costera marítima, por supuesto, no estuvo en primer lugar, ya que se estaba lidiando con dos guerras mundiales, y los incidentes que involucraban a barcos oficiales en el Mar de China Meridional atrajeron más atención que la piratería local menor. Pero la piratería no ha desaparecido en Asia, África o el Caribe. Permanece con nosotros hasta el día de hoy.

Y la piratería moderna es esencialmente costera, y el hecho de que siga siendo bastante significativa se debe a que en los países cuya población se dedica a la piratería, el crecimiento económico es nulo o insuficiente para que la población se beneficie del empleo oficial.

Por lo general, cuando decimos "piratas modernos", la mayoría de nosotros pensamos en los piratas somalíes, los piratas que operan frente a las costas de Somalia. Pero la mayor actividad de piratería no se registra allí. Casi la mitad de todos los incidentes de piratería que se informaron durante 1993-2015 ocurrieron en la región del sudeste asiático, la mitad de ellos en

Indonesia. Por supuesto, es necesario hacer una reserva inmediata de que las estadísticas sobre los ataques de piratería, incluso hoy en día, son extremadamente imperfectas. E incluso en esos casos que están registrados, y sabemos que hubo una demanda de un rescate, por ejemplo, y se pagó el mismo, diferentes fuentes dan diferentes datos: cuánto se pagó, cuántas personas fueron capturadas, cuál era la composición y cantidad de la tripulación pirata que participó en esta operación, etc.

Además, muchos casos de piratería local simplemente no se registran. Esto es especialmente cierto para el sudeste asiático. El hecho es que, para ser honesto, informar abiertamente a las autoridades oficiales sobre todos los casos de piratería, esto conduciría a un aumento en las primas de seguros para el transporte de mercancías, lo que, por supuesto, no interesa a los comerciantes navieros. Porque asumen que el aumento de las primas de seguros les perjudicaría más que la piratería.

Sin embargo, tenemos algunos datos y algunas estimaciones del daño que causa la piratería moderna. Cada año, Oceans Beyond Piracy produce un nuevo informe sobre el estado de la piratería en el mundo e identifica cuatro áreas principales de actividad para los piratas. Estos son África Oriental, África Occidental, Asia y América Latina, incluido el Caribe. Naturalmente, la evaluación de daños que dan es aproximada. Sin embargo, sabemos que para 2017 la estimación total (además, esta es más una estimación de daños "de abajo hacia arriba", es decir, es probable que el daño real sea mayor) fue de aproximadamente $ 2.3 mil millones.

Es extremadamente difícil combatir la piratería, ya que en realidad está arraigada en la sociedad y es apoyada no solo por la comunidad pirata, que está asociada con violaciones de la ley, sino también por complejos lazos familiares, que es extremadamente importante en Asia. Recordemos que en Inglaterra este problema con los piratas se resolvió debido al hecho de que la economía inglesa cambió a un tipo diferente de desarrollo. Lo que permitió obtener ingresos comparables con menos riesgo al participar en actividades legales. Y, además, ganó fuerza el estado que, gracias a un gobierno central más fuerte, pudo restablecer el orden a nivel local.

Pero en los estados del sudeste asiático, donde la piratería está más desarrollada (principalmente Indonesia, Malasia y Singapur), hasta ahora los incentivos económicos para la piratería son mucho más altos que los costos de hacerlo. Lo que significa que erradicar la piratería es difícil.

En general, estos países están creciendo con bastante éxito, según los estándares mundiales. Digamos que las tasas de crecimiento económico durante los últimos 60 años en Indonesia y Malasia han promediado alrededor del 5% anual, lo cual es un muy buen indicador. Y Singapur durante el mismo período creció en un promedio de 7-8% por año. Lo que significa que, en general, estos países tuvieron un gran éxito. Pero, por otro lado, en estos países la población también creció a un ritmo acelerado. Por lo tanto, el crecimiento del PIB per cápita se mantuvo bajo. El más exitoso entre estos países en términos de PIB per cápita es Singapur.

Según la clasificación del Banco Mundial, Singapur se encuentra en el grupo de países con un ingreso per cápita alto desde 1987. Malasia ha sido clasificada como un país de ingresos medios altos desde 1992. Pero Indonesia aún se mantiene en el grupo de países con ingresos medios bajos, por lo que no debe sorprendernos que casi una cuarta parte de los casos de piratería reportados en el mundo ocurran en ese país.

Naturalmente, cabe agregar que el PIB per cápita es un indicador promedio y no refleja la distribución real del ingreso entre la población. En estos países, es extremadamente desigual, por lo que se puede suponer que una parte importante de la población todavía recibe ingresos inferiores al PIB per cápita medio. Por lo tanto, los incentivos económicos para dedicarse a la piratería en esta región no han desaparecido.

La mayor parte de la piratería en el sudeste asiático recae en los estrechos de Malaca y Singapur. Se trata de dos estrechos muy importantes en el comercio marítimo mundial: por ellos pasa anualmente hasta una cuarta parte de todo el volumen de negocios del comercio mundial, valorado naturalmente en términos monetarios. Una parte importante de los barcos que pasan por estos dos estrechos son petroleros. Es difícil atacarlos y, en general, relativamente sin sentido. Además, siguiendo la tradición de los siglos XIX y XX, la piratería en el archipiélago de Indonesia se centra principalmente en el transporte local y no en el transporte en grandes empresas internacionales. En realidad, la piratería se concentra en esta región en el transporte de dos mercancías. En primer lugar, es el aceite de palma crudo, del cual, en el proceso de procesamiento posterior, se obtiene aceite de palma para su uso en la industria alimentaria o aditivos en el combustible diésel. O es el gasóleo, que se utiliza como combustible para los motores diésel.

¿Por qué estos dos productos? El hecho es que Indonesia y Malasia son los mayores productores de aceite de palma crudo del mundo. Aproximadamente dos tercios del aceite de palma crudo se procesa en estos países, y los productos ya procesados se exportan, y el tercio restante se exporta en su forma cruda. En realidad, lo que sucede: cuando este aceite está listo en la plantación, se envía para su procesamiento a las fábricas locales. Lo envían en barcazas pequeñas, y estas barcazas están en viaje por un máximo de dos días. Sin embargo, es en este momento cuando son más vulnerables a ser capturadas por piratas.

Según los investigadores, existen aproximadamente 18 redes piratas en la región que organizan el robo de carga de estas barcazas. Además, la composición y estructura de estas redes ha cambiado ligeramente en comparación con la década de 1990 e incluso a principios de la década de 2000. En la década de 1990 y principios de la de 2000, la estructura era bastante jerárquica. Al frente de las operaciones estaba el llamado gran jefe, quien realizaba toda la coordinación y planificación de las operaciones. Encontraba un inversionista que financiaba la empresa (en algunos casos podría ser el mismo gran jefe, pero no siempre). También, el gran jefe encontraba un comprador que estaba dispuesto a comprar la carga por menor precio de mercado y recibía documentos obviamente falsificados para esta carga. Y también el gran jefe contrataba al organizador de la captura de un barco en particular.

Este organizador, habiendo recibido ya fondos y recibido instrucciones a quién se debe transferir la carga, es decir, los datos del comprador, contactaba a cómplices de un barco específico con carga. Con la información privilegiada de la empresa de transporte, reclutaba a un equipo de personas para apoderarse del mismo. Sin embargo, hacia fines de la década de 2000, el modelo cambió un poco, el gran jefe desapareció como un eslabón necesario, y ahora, de hecho, los propios organizadores de la incautación contactaban a quienes financiarían la empresa, y ellos mismos encontraban a los compradores de la carga robada.

Es decir, paulatinamente el centro de organización y coordinación pasó a manos de los perpetradores del decomiso, directamente a los piratas. Por regla general, estos cargamentos no oficiales de aceite de palma crudo son comprados por empresas ficticias que operan en algún lugar de la región: en Indonesia, Malasia, Singapur, Corea del Sur, China. Con este método de compra de aceite de palma crudo, puede pagar por él aproximadamente el 60-65 % de su valor de mercado y, en consecuencia, revenderlo a un precio más alto.

En este esquema, generalmente hay cómplices a bordo del barco capturado que ayudan a garantizar que la captura se lleve a cabo de manera pacífica, sin pérdida de vidas y sin ningún problema. La tripulación del barco se neutraliza, las mercancías se vuelven a cargar en un barco pirata y el barco secuestrado, junto con la tripulación, se retiene, por regla general, durante 24 horas. Después de lo cual son liberados. Encontrar rastros de piratas después de eso ya se vuelve bastante difícil. Además, como ya hemos dicho, la mayoría de estos incidentes simplemente no se informan oficialmente como casos de piratería para no pagar primas de seguro más altas.

Naturalmente, es muy importante para el éxito de esta empresa que las patrullas marítimas no aparezcan en el área donde las mercancías se pasan de contrabando de un barco a otro. Por lo tanto, como regla, para el éxito de la empresa, las autoridades locales relevantes reciben una cierta cantidad de dinero para que sus esfuerzos de patrullaje en el día correcto se dirijan a otro lugar. Es decir, de hecho, las autoridades locales reciben su propio aumento de ingresos para que los piratas puedan seguir trabajando.

Por supuesto, también hay capturas fallidas cuando se atrapa a los piratas. En este caso, la piratería proporciona fondos para pagar a los jueces para que dicten una absolución o la sentencia más baja posible, lo que también fomenta la continuación de la piratería. Dado que, por regla general, la toma de rehenes no ocurre en esta región y toda la piratería se centra precisamente en el robo de la carga, los incidentes de piratería no atraen mucha atención. Por lo tanto, escuchamos mucho menos sobre ellos que sobre los piratas somalíes, por ejemplo.

En realidad, para que tales actividades valgan la pena, es necesario que al menos un tercio de las incursiones piratas tengan éxito en el momento en que hay precios altos para el aceite de palma crudo. Y cuando el precio del aceite de palma crudo es más bajo, es suficiente que la mitad de las incursiones piratas tengan éxito. Es decir, ni siquiera el cien por cien de los ataques piratas tienen que tener éxito para que los piratas sigan funcionando de forma rentable.

Sin embargo, durante un período en que los precios se reducen por completo, los piratas cambian a otro producto, al mismo gasóleo. Así ocurrió, por ejemplo, en el período de 2012 a 2014, cuando el gasóleo era más caro y, por tanto, era mucho más rentable robarlo. El hecho es que el gasóleo se transporta en barcos de tamaño similar, también se transporta localmente, y las tácticas para secuestrar el barco son exactamente las mismas. Lo único que hay que tener es, nuevamente, información privilegiada de los transportes.

Además, en este caso, ni siquiera es necesario buscar un comprador del producto que lo adquiera a granel, ya que el gasóleo se puede vender en cierto modo al por mayor para repostar coches, ciclomotores, barcos a motor y similares. Simplemente se vende a la población local, literalmente en botes. Por tanto, resulta que la corrupción y el bajo nivel de desarrollo económico hacen que la piratería sea rentable en esta región. Y, en consecuencia, hasta que estas condiciones cambien, la piratería seguirá prosperando.

Además, dado que la piratería en este modelo está efectivamente localizada en la región y da como resultado que los ingresos se redistribuyan de los propietarios de plantaciones de aceite de palma a las redes piratas en la región, este no es un problema mundial importante y reduce significativamente los incentivos para la intervención internacional. Sin embargo, no hay necesidad de pensar que no existe en absoluto, la pregunta que se plantea regularmente es que se debe hacer algo con respecto a la piratería en esta región. Las autoridades, en primer lugar, de Indonesia, Malasia y Singapur prometen tratar esto a un alto nivel, pero a nivel local, todo sigue igual. Para erradicar la piratería es necesario que la cuota de intereses de los piratas y de quienes la padecen cambie ligeramente a favor de estos últimos.

Los problemas de crecimiento económico son impulsores de la piratería tanto en África como en América Latina. Pero en esta última, la situación es algo diferente. Tanto en el caso de África como de América Latina, la piratería es una medida obligada, y la situación en estos países es aún más desfavorable, estos países no están creciendo al mismo ritmo que los países del Sudeste Asiático que hemos considerado. Para América Latina y el Caribe, como ya hemos dicho, no hay suficientes datos para evaluar completamente el daño económico causado en esta región. Pero es curioso que en 2017 hubo un gran aumento en la cantidad de ataques de piratería: 160%. Esto es mucho más alto que en todas las demás regiones en el mismo año.

La principal explicación de esto es el colapso económico en curso en Venezuela. Aquí, los pescadores comenzaron a dedicarse a la piratería.

Los piratas locales en Venezuela se dedican, por ejemplo, a quitarles la pesca a los pequeños pescadores de la vecina Trinidad. O de sus propios camaradas más exitosos. Hay una redistribución primitiva de los recursos a favor del más fuerte. Y esto, por supuesto, empeora enormemente la situación económica de toda la región en su conjunto. Es decir, los problemas de un país comienzan a extenderse a sus vecinos. Y al mismo tiempo, no es necesario esperar una mejora con la piratería en esta región, ya que la situación económica en Venezuela es endeble. Pero aquí la piratería se limita a un botín relativamente pequeño y ataques pequeños.

En África, especialmente en África Oriental, la piratería es algo diferente. Aunque aquí se explica por los problemas de crecimiento económico. Según las estimaciones de daños por piratería que tenemos, casi el 99% del total de los daños se produce en África. Y de estos, casi dos tercios están en África Oriental, casi en su totalidad en un país.

La piratería marítima antigua consistía en robar y comerciar con cualquier mercancía que los piratas encontraran en los barcos capturados. Inicialmente, la piratería se trataba de supervivencia, no de ganancias. Las personas a menudo caían en las flotas piratas debido a la mala situación financiera, la incapacidad de pagar una cantidad inflada de impuestos o para evitar la muerte. Los piratas eran la manada habitual de ladrones que buscaban barcos que estaban "en el lugar equivocado en el momento equivocado".

Dato interesante: las mujeres nunca fueron permitidas a bordo debido a la superstición. Se creía que sembraban el caos y eran desfavorables para los piratas. Por lo tanto, las mujeres que querían ser piratas tenían que disfrazarse de hombres para unirse a los "rebeldes del mar".

Ahora las áreas populares para la piratería son Madagascar, el Golfo Pérsico, el Caribe y las Islas Canarias debido a su posición estratégica: se encuentran en el cruce de antiguas rutas marítimas. Los piratas de estas regiones también se dedican al contrabando y al comercio ilegal.

La piratería en Somalia

La piratería en Somalia nunca se ha detenido, y es que la inestabilidad del país tampoco lo ha hecho. La actual guerra contra el grupo Al Shabab y la apremiante sequía, producen desplazamientos masivos de gente y empobrece a la economía.

Naturalmente, la ausencia de un poder estatal normal en el país conduce a la inestabilidad económica y social. El país es en realidad extremadamente heterogéneo en su composición étnica y es bastante difícil encontrar un equilibrio de intereses para construir un gobierno central fuerte.

Los piratas somalíes se apoderan de los barcos y exigen un rescate para que los tripulantes se mantengan con vida. Es decir, no roban tanto como exigen un gran rescate por la vida. Se apoderan de grandes barcos de estados ricos, empresas ricas y exigen un rescate sólido. Esta es exactamente la diferencia con la piratería en Asia o América Latina. Por extraño que parezca, los pescadores volvieron a ser los precursores de los formidables piratas somalíes modernos.

En un comienzo, los pescadores, quienes, en las condiciones de un estado que no funciona, asumieron un papel voluntario en el control de sus aguas territoriales, prohibieron a los extranjeros arrojar basura en sus aguas territoriales. Es decir, inicialmente estaban involucrados en un negocio ecológico absolutamente bueno. Naturalmente, esto empezó a combinarse bastante rápido con la piratería menor, con robos, así, como lo vemos ahora en la región venezolana. Sin embargo, con el tiempo, la situación se deterioró tanto que, para una parte significativa de la población de la parte costera de Somalia, la piratería resultó ser, de hecho, la única forma de obtener al menos algún tipo de sustento. Ya que prácticamente no existe alternativa legal a la misma.

Las estimaciones aproximadas disponibles sobre cuánto ganan los piratas muestran que un somalí puede ganar entre 30 mil y 40 mil dólares en un año de piratería. Según otras estimaciones, por un solo ataque exitoso a un barco, cada pirata somalí recibe de 25 a 75 mil dólares. Pero debemos entender que ambas son estimaciones aproximadas. Al mismo tiempo, el PIB per cápita en Somalia se estima en 500 dólares al año en el mejor de los casos. Es decir, en un año de piratería se puede ganar al menos el doble que en 30 años de trabajo oficial. Así que, naturalmente, los incentivos económicos para la piratería son enormes en este país.

Por supuesto, la piratería también tiene riesgos: la muerte, recibir heridas graves, ir a la cárcel y recibir un castigo grave. Los investigadores estimaron, teniendo en cuenta todo lo que está pasando en la región, que el costo que tiene que solventar un pirata es un máximo de 3,3 mil dólares. Es decir, vemos que los costos de la piratería son diez veces menores que la estimación mínima de lo que se puede ganar en un año. Entonces, nuevamente, está claro que la piratería es beneficiosa.

Por supuesto, no todos los ingresos que los piratas reciben de sus actividades se distribuyen en su totalidad entre ellos. Una parte, según diversas estimaciones, del 30 al 50%, va, de hecho, al que fundó el club, que trae los fondos, que financió, de hecho, la empresa inicial. Y alrededor de una quinta parte de los ingresos se gasta en mejorar y desarrollar toda la red pirata, invirtiendo en equipos, nuevos barcos, armas, entrenamiento, etc.

Pero incluso teniendo esto en cuenta, si reducimos, en consecuencia, la estimación de cuánto recibe cada pirata al año, la piratería sigue siendo muchas veces más rentable que el trabajo legal, que, además, es prácticamente inexistente en Somalia. Además, no solo los propios piratas se benefician de la piratería. Casi toda la población local trabaja para los piratas. Es decir, al servicio de la red pirata, para proporcionarles comida, para mantener sus barcos, para ayudarlos a vender su cargamento, para ayudarlos a proteger a sus cautivos. En condiciones en las que el estado no funciona realmente, toda la vida económica se concentra en manos de la institución más poderosa del país, que en este caso resultó ser la piratería.

En comparación con Asia y América Latina, los piratas africanos utilizan un modelo completamente diferente. Simplemente se apoderan de grandes barcos, que luego, utilizando a la tripulación como rehenes, los retienen. Y a veces lo guardan durante varios años. Es decir, están dispuestos a esperar hasta recibir un rescate muy importante. Además, la captura de barcos se lleva a cabo no solo directamente frente a la costa, sino también a una distancia considerable de la costa. Es decir, la piratería empieza a desviarse un poco de ser una piratería exclusivamente costera. Tienen barcos modernos bien armados. Los propios piratas están bien entrenados y preparados. Por lo tanto, una parte importante de las salidas que emprenden son exitosas.

Los investigadores creen que en este momento los piratas somalíes tienen un modelo único, nadie más en el mundo usa ese modelo. Naturalmente, este problema es de carácter internacional. Sin embargo, aún no se ha resuelto. Todos los intentos de fortalecer el control internacional sobre lo que está sucediendo con el transporte marítimo en esta región tienen solo un efecto temporal.

Desde un punto de vista económico, hay dos explicaciones. En primer lugar, a pesar de que los daños causados por la piratería en esta región se estiman en 1400 millones de dólares solo en 2017, sigue siendo una cantidad muy pequeña en el volumen de negocios total del comercio mundial. Esto es aproximadamente una diezmilésima parte de la cantidad del comercio mundial en 2017. Es decir, a pesar de que la cantidad de daño parece extremadamente impresionante, en general, no hay incentivos realmente serios para restaurar el orden allí.

En segundo lugar, la región es una de las más inestables del mundo. Por ejemplo, el vecino Yemen, que recientemente también tuvo un conflicto político, en cuanto se intensificó la inestabilidad política, también comenzó a recurrir a la piratería y tratar de copiar lo que está pasando en Somalia. Además, aparentemente, parte de los yemeníes simplemente comenzaron a cooperar y ayudar de alguna manera a los somalíes, ya que en paralelo hubo un aumento en el número de incautaciones de barcos por parte de los somalíes. Si Somalia está realmente gobernada y controlada por piratas, entonces está bastante claro que la red de contactos financieros y comerciales se extiende mucho más allá de Somalia e incluso más allá de las fronteras de la propia región. Mientras la propia región sea inestable, será muy difícil restablecer el orden y controlar la piratería.

Además, para cada medio de seguimiento existe un medio de contraseguimiento. Y dado que los piratas somalíes ya están bastante bien equipados, pueden permitirse bloquear los radares, enviar otro tipo de señales, es decir, relativamente hablando, actúan de manera bastante profesional para crear la impresión de una falsa seguridad en la tripulación del barco a capturar, de lo contrario no lo harían.

Los marineros, por supuesto, intentan evitar esta parte del mar, pero esto no siempre es posible, especialmente cuando se trata de barcos mercantes. Por ello, ahora los buques mercantes van acompañados de una escolta militar, y la tripulación está entrenada en el comportamiento en caso de ataque. Frente a la costa de Somalia, hay patrullas de países miembros de la OTAN y la UE.

Los intentos de detener la piratería por medios económicos, es decir, los intentos de rastrear los flujos financieros, el lavado de dinero, tampoco conducen a un gran éxito. Y ahora, cuando han aparecido las criptomonedas, puede ser incluso más fácil para los piratas desviar sus ingresos ilegales hacia las sombras. Por lo tanto, prácticamente la única solución posible al problema sería el desarrollo económico acelerado de la región.

Es decir, es necesario asegurarse de que sea rentable para la población con menos riesgo y, quizás, un poco menos de ingresos, dedicarse no a la piratería, sino a actividades legales. Pero, desafortunadamente, las posibilidades de que esto suceda son pocas. Porque no hay ejemplos en la historia en los que la prosperidad económica fuera traída al país desde el exterior y se mantuviera durante mucho tiempo. Los propios somalíes todavía no tienen incentivos para cambiar su comportamiento económico y es poco probable que aparezcan a corto plazo.

Caribe

Un poco menos conocido, pero también peligroso ahora: los piratas del Caribe. Nada más alejado de la película: "Los piratas del Caribe", porque además de robar, se dedican al narcotráfico y al contrabando de todo tipo. Esta es una de las principales fuentes de su prosperidad. Los piratas del Caribe, además del mar, también atacan por tierra.

Los piratas del Sudeste Asiático

También operan en esta región, especialmente en el
Estrecho de Malaca entre Malasia y Sumatra. Actúan
rápidamente, roban a los miembros de la tripulación,
llevan la carga a sus barcos y desaparecen. Los piratas
indonesios atacan inesperadamente, escondiéndose en
una de las muchas islas de Indonesia. Muchos de ellos
viven en islas deshabitadas y salen de allí.

El estrecho de Malaca, a través del cual pasa casi toda
la navegación comercial entre los océanos Índico y
Pacífico, siempre ha sido una zona de piratería. Hoy,
aproximadamente 120 mil barcos pasan por el
estrecho al año. Al mismo tiempo, en la entrada del
Estrecho de Singapur, a menudo se forman enormes
grupos de barcos que esperan el paso. Es aquí, cerca
de la próspera Singapur, donde tienen lugar la mayoría
de los ataques. Pero no son los singapurenses los que
atacan, sino los empobrecidos indonesios, en su
mayoría de Sumatra. Antes de la llegada del Sistema
de Identificación Automática en la mayoría de los
barcos, el objetivo principal de los piratas era
secuestrar un barco y robar la carga. La tripulación a
menudo simplemente era asesinada. Después de la
llegada de AIS, la carga principal del secuestro recayó
en los remolcadores y embarcaciones auxiliares
similares, y de los barcos grandes ocasionalmente
intentan capturar a las tripulaciones para pedir
rescate.

A mediados de la década de 2000, el estrecho
representaba el 40% de todos los ataques de piratería
en el mundo. Tales cifras se debieron a la salida masiva
de personas que se quedaron sin sustento durante la

crisis económica de 1997. En respuesta a este desafío, Singapur, Malasia e Indonesia se han embarcado en una patrulla conjunta del estrecho. Un poco más tarde, India acudió al rescate y, con pequeñas fuerzas, Tailandia. En 2011, el número de ataques se había reducido a unos pocos al año.

Pero no es tan simple. Primero, los ataques desde el estrecho se han trasladado a los puertos de Indonesia y Malasia. En 2019, hubo 53 ataques en total en el sudeste asiático. Indonesia sigue siendo el principal problema. El país tiene 237 millones de habitantes, de las 17.508 islas solo 6.000 están habitadas, hay muchos ríos, arroyos y bahías donde pueden esconderse, el territorio está cubierto de selva y la población está lista para el combate y ha sido amiga con el mar durante muchos siglos. Los piratas tienen la oportunidad de ir a aguas territoriales después de cada incursión en aguas neutrales.

El gobierno de Indonesia no puede crear una fuerza de patrulla suficientemente grande. Como resultado, los indonesios no logran erradicar por completo la piratería.

Nigeria

La costa oeste de África es territorio de piratas nigerianos. Especialmente a menudo atacan a los petroleros que navegan en esas aguas. La piratería desenfrenada en las aguas de Nigeria ocurrió cuando las patrullas se intensificaron frente a la costa de Somalia. Además del petróleo, los piratas nigerianos se especializan en secuestrar personas para pedir rescate. Actúan con especial crueldad, torturan e intimidan a las personas e incluso recurren a las ejecuciones. Más del 80% de los marineros fueron secuestrados por piratas nigerianos.

Esta zona está en constante movimiento, ya que hoy en día la mayoría de los ataques tienen lugar allí. Al mismo tiempo, la región tiene sus propias particularidades, lo que hace que sea extremadamente difícil combatir la piratería. El Golfo de Guinea es uno de los lugares donde la piratería nunca ha sido derrotada. Hoy, debido al crecimiento económico de Nigeria, el número de ataques está disminuyendo: la gente ya tiene dónde conseguir dinero.

Al igual que en el sudeste asiático, hay lugares para esconderse en la costa de África occidental. Además, hay muchas áreas que no están controladas por los gobiernos locales. En la región se están produciendo varias guerras lentas y prolongadas, lo que se refleja en la calidad de la población. La corrupción también contribuye al éxito de los piratas: a menudo simplemente no son atrapados. La enorme longitud de la costa hace que sea imposible predecir dónde será el ataque; puede ser en cualquier lugar. Y ninguna fuerza naval cerrará una zona tan grande, es imposible.

El segundo problema es la población. Si los somalíes no intentan capturar barcos con mercenarios a bordo, los nigerianos no tienen miedo de luchar, intercambiar disparos con los guardias y sufrir pérdidas. Esto complica la tarea de proteger a las tripulaciones.

Numerosas embarcaciones que operan en las zonas costeras de los países de la región corren especial riesgo. Es simplemente imposible que varias dragas y remolcadores eviten el ataque o la infiltración de piratas mediante maniobras. Esta es una diferencia característica entre la actividad marítima en esta región y su diferencia con lo que había en la zona de "trabajo" de los piratas somalíes. Sin duda, es más fácil para los piratas atacar esos barcos que un petrolero a toda velocidad en el mar.

Las compañías militares privadas están activas en la región, pero el personal local que reclutan no siempre puede hacer frente a los piratas, entre los cuales no se encuentran pequeños bandidos, como en Indonesia, sino militantes de varios grupos extremistas con experiencia en combate o ex militares.

De hecho, no hay salida. Es imposible adjuntar un buque de guerra a cada barco. De todos los métodos de fuerza, la seguridad armada a bordo debe ser reconocida como la más efectiva y económica, pero es en esta región donde debe estar muy bien entrenada y capaz de resistir un largo tiroteo con los piratas.

En general, a medida que crezcan las economías en áreas propensas a la piratería, la cantidad de ataques en el mar disminuirá. Pero completamente a cero en el futuro previsible, no se reducirá exactamente.

Medidas contra la piratería

Eliminar o frenar la piratería ha demostrado ser una tarea extremadamente difícil. Sin embargo, aunque la situación de la piratería parece sombría en todas partes, hay una serie de pasos que se pueden tomar para reducir el impacto de la piratería en la logística marítima.

¿Qué pueden hacer los marineros frente a la piratería?

Leyes: Se deben promulgar y hacer cumplir leyes estrictas contra la piratería. Leyes que exijan el castigo público. Las nuevas leyes o las leyes modificadas no garantizan exactamente el fin de la piratería, pero ciertamente pueden ayudar a garantizar que las personas educadas se mantengan al margen de esta actividad ilegal.

Legalización de la piratería: No importa lo extraño que pueda sonar. Algunos piratas que ingresan al comercio ilegal por "aventura" y sin fines de lucro o para ganarse la vida podrán conseguir trabajos en esta área. Un individuo o un buque de guerra privado autorizado por el gobierno de un país, para atacar la navegación furtiva e ilegal extranjera que ingresa al territorio del estado. En pocas palabras, son piratas legalizados. Además, los piratas que pueden volver a su antigua profesión pueden formarse en un nuevo campo y así pueden permitirse una vida legal. No referimos a la antigua figura del "corsario" (Que estaba preparado para que sus tripulantes se dedicaran a asaltar y destruir las naves piratas y enemigas, con la autorización del Gobierno de su nación). Esto se podría utilizar para combatir la pesca ilegal o el narcotráfico.

Navegación segura: Hay sistemas de navegación que intercambian datos sobre piratas con diferentes fuentes, identifican áreas con un riesgo potencial de piratería y construyen una ruta para que un barco los evite (además de evitar una tormenta). Los sistemas como Marine Digital FOS no solo predicen y señalan el peligro, sino que ofrecen varias opciones de recomendaciones sobre la ruta de la embarcación. El capitán y los gerentes de la naviera solo tienen que elegir la solución más correcta que ofrece el planeador de ruta.

Radares incorporados: Los barcos con radar incorporado son una ventaja en áreas propensas a la piratería. Una alternativa bastante costosa, pero sumamente útil a la hora de prevenir ataques. El radar incorporado puede advertir al capitán del barco de un ataque inminente. Se pueden tomar las acciones necesarias a tiempo para derrotar a los barcos piratas, como acelerar el barco para que no se acerquen, o llamar a la flota naval amiga o a la Guardia Costera para proteger la embarcación.

Alertas satelitales: El GPS satelital se puede usar para rastrear barcos piratas en las cercanías y así prevenir ataques piratas. Al igual que el radar incorporado, las advertencias satelitales pueden ser útiles. Esta es una alternativa costosa, pero con la cooperación entre países, este método se puede aplicar para combatir la piratería marítima.

Autodefensa: La tripulación del barco debe estar bien entrenada y enfocada en realizar ejercicios contra la piratería. Para que un barco esté realmente a salvo de los piratas, necesita personas que puedan hacer frente a los ataques al barco. Además de esto, las estrategias de bloqueo deben enseñarse a la tripulación para que, en caso de ser atacados, puedan ahuyentar a los piratas.

Guardaespaldas de barco: se puede enviar un barco de carga o un buque cisterna a las aguas junto con varios otros barcos para su protección. Estos barcos de "guardaespaldas" pueden transportar la armada del país. En el caso de un ataque pirata, los barcos de escolta/"guardia de barco" pueden ocuparse de los piratas mientras el carguero/petrolero real continúa su viaje.

Operaciones de captura: realizar una operación para identificar a un grupo de piratas es una de las mejores formas de disuadir la piratería. Los barcos ficticios se pueden rastrear utilizando chips GPS integrados en el producto. Por lo tanto, el foco estará en los clientes de los piratas, y no solo en la ubicación de parte del grupo criminal. Mediante este método, toda la red pirata puede quedar expuesta.

Operación Ocean Shield

Se llevó a cabo una operación conjunta en varios países para frenar la piratería marítima en el Océano Índico, el Golfo de Adén y el Golfo Arábigo. Después de la guerra civil en Somalia en los años 90 y 2000, la juventud somalí se asoció con la piratería. Los piratas de Somalia se hicieron notorios en el Golfo de Adén y obstruyeron el comercio a lo largo de estas rutas. La Armada de los EE. UU., seguida por la Armada de la India, desplegó la mayor cantidad de barcos para la Operación Ocean Shield. La misión finalizó oficialmente el 16 de diciembre de 2016, cuando se detuvo la piratería marítima somalí. Después de esta operación, solo ocurrieron uno o dos eventos de piratería marítima. La operación es vista como una gran victoria en la erradicación de la piratería marítima.

La lucha contra los ladrones de mar es seria. En California, por ejemplo, hay un centro de capacitación que capacita a especialistas contra la piratería. Unidades de entrenamiento completas entrenan aquí, que luego patrullan las costas de Tailandia, Filipinas e Indonesia. Malasia tiene un centro antipiratería establecido en 1991. De acuerdo con la Convención de las Naciones Unidas sobre el Derecho del Mar, todos los países deben cooperar para detener la piratería en el mar, independientemente de si el área está bajo la jurisdicción de algún país.

Uso de armas de fuego

Los piratas modernos no están armados con espadas y sables. Los actuales ladrones del mar portan una pistola o ametralladora (la mayoría de las veces el viejo Kalashnikov). A veces van armados con morteros y lanzagranadas. De acuerdo con las leyes internacionales, los barcos mercantes van sin armas a bordo, por lo que no pueden defenderse por completo.

De hecho, un barco mercante puede defenderse de dos formas:

• La presencia de seguridad privada a bordo de la embarcación con sus propias armas.

• Rociar agua de las mangueras contra incendios para evitar que se acerquen los barcos piratas.

Evaluación sesgada de las fuerzas

Un ex pescador africano, que compró una ametralladora, ya siente el poder. Además, los filibusteros actuales a menudo abusan del alcohol y las drogas. Como resultado, los piratas a menudo juzgan mal sus capacidades y tratan de atacar barcos de guerra. Por lo general, no termina bien para ellos.

Por ejemplo, en 1993, en el Golfo Pérsico, el gran barco de desembarco ruso Nikolai Vilkov fue atacado por varios barcos piratas. Los asaltantes del mar dispararon una línea de ametralladora hacia el barco, pero desde allí les respondieron con un cañón automático de 57 mm. El plan pirata fracasó incluso antes de que comenzara a implementarse.

En 2009, los piratas atacaron dos buques de guerra estadounidenses: el crucero Cape St. George y el destructor González. El resultado del ataque de varios barcos oxidados a dos buques de guerra no es difícil de predecir: fue deplorable para los atacantes.

En 2010, en el Golfo de Adén, los piratas atacaron el petrolero de la Universidad de Moscú. El equipo se escondió en la sala de máquinas y pidió ayuda al cercano gran barco antisubmarino Marshal Shaposhnikov. Para no involucrarse con "la corte

somalí más justa", los desafortunados filibusteros
fueron liberados drenando el combustible de sus
barcos.

Rara vez matan a los rehenes

Los objetivos de los ataques de robo son diferentes:
efectivo y objetos de valor, carga, barco y tripulación.
Hay ladrones de mar que tienen suficiente dinero en
efectivo y objetos de valor, pero con mayor frecuencia
los piratas intentan ganar el máximo: además del botín
en el barco, exigen un rescate por la tripulación y el
barco en sí.

Por lo tanto, los rehenes generalmente no son
asesinados. Si nadie de la tripulación del barco
secuestrado murió, los gobiernos no quieren lanzar un
ataque de represalia serio, prefieren resolver el
problema con la ayuda del dinero. Y el rescate
promedio para un equipo es de alrededor de $120 mil.

En 2008, la Unión Europea, donde tienen su base la
mayoría de los armadores del mundo, lanzó la
Operación Atlanta, la presencia continua de las
armadas de la UE en el Golfo de Adén y el Mar Arábigo.
Los barcos de los participantes en la operación
conducen convoyes de barcos mercantes, responden a
ataques piratas y liberan barcos capturados. Las
fuerzas de la UE cooperan estrechamente con la
Marina de los EE. UU. Casi al mismo tiempo, los
barcos rusos comenzaron a estar en la región, India,
China y una gran cantidad de otros países enviaron
sus fuerzas.

Otras tácticas han resultado exitosas: El uso de mercenarios que custodian los barcos resulta ser inesperadamente efectivo. Además, las embarcaciones que pasaban por el área propensa a los piratas están rodeadas en sus laterales con alambre de púas, barreras de acero soldado, mangueras contra incendios y ametralladoras falsas. Las tripulaciones han aprendido a combatir los ataques utilizando sistemas de extinción de incendios. A su vez, apareció la llamada "Ciudadela" en cada barco: una sala fortificada, generalmente en la sala de máquinas, con menos frecuencia en la sala del timón, con suministros de agua y alimentos, equipos de comunicaciones, medicamentos, desde donde es posible controlar el movimiento de los invasores.

Capítulo 2
Piratería informática

En las redes informáticas, la piratería es cualquier esfuerzo técnico para manipular el comportamiento normal de las conexiones de red y los sistemas interconectados. Un hacker es cualquier persona involucrada en la piratería. El término piratería se ha referido históricamente al trabajo técnico inteligente y constructivo que no estaba necesariamente relacionado con los sistemas informáticos. Hoy, sin embargo, la piratería y los piratas informáticos se asocian con mayor frecuencia con ataques de programación maliciosa en redes y computadoras a través de Internet.

El origen del hackeo

Los ingenieros del MIT (Instituto de Tecnología de Massachusetts) en las décadas de 1950 y 1960 popularizaron por primera vez el término y el concepto de piratería. Comenzando en el club de maquetas de trenes y más tarde en los laboratorios de computación central, los hackeos cometidos por estos piratas tenían la intención de ser experimentos técnicos inofensivos y actividades divertidas de aprendizaje.

Más tarde, fuera del MIT, otros comenzaron a aplicar el término a actividades menos honorables. Antes de que Internet se hiciera popular, por ejemplo, varios piratas informáticos en los EE. UU. experimentaron con métodos para modificar teléfonos de manera ilegal para poder hacer llamadas gratuitas de larga distancia a través de la red telefónica.

A medida que las redes informáticas e Internet se han vuelto cada vez más populares, las redes de datos se han convertido, con mucho, en el objetivo más común de los hackers y piratas informáticos.

Muchos de los piratas informáticos más famosos del mundo comenzaron sus hazañas a una edad temprana. Algunos fueron condenados por delitos graves y cumplieron condena por ellos. Para su crédito, algunos de ellos se han rehabilitado y convertido sus habilidades en carreras productivas.

No pasa un día sin que escuches algo sobre un hackeo o un hacker en las noticias. Ahora, sin embargo, los ataques informáticos afectan a millones de computadoras conectadas a Internet, y los piratas suelen ser delincuentes sofisticados.

Aunque la verdadera piratería solía aplicarse solo a actividades bien intencionadas y los ataques maliciosos en redes informáticas se conocían formalmente como cracking, la mayoría de las personas ya no hacen esa distinción. Es extremadamente común ver que el término pirateo se usa para referirse a actividades que alguna vez se conocieron solo como cracks.

Técnicas comunes de piratería de redes

La piratería de redes informáticas a menudo se realiza a través de scripts y otros programas de red. Estos programas de software especialmente diseñados generalmente manipulan los datos que pasan a través de una conexión de red de manera diseñada para obtener más información sobre cómo está funcionando el sistema de destino. Muchos de estos scripts pre-empaquetados se publican en Internet para que cualquier persona, generalmente piratas informáticos de nivel básico, los use. Los piratas informáticos avanzados pueden estudiar y modificar estos scripts para desarrollar nuevos métodos. Algunos piratas informáticos altamente calificados trabajan para empresas comerciales, contratados para proteger el software y los datos de la piratería comercial.

Las técnicas de piratería de redes incluyen la creación de gusanos, el lanzamiento de ataques de denegación de servicio (DoS) y la creación de conexiones de acceso remoto no autorizadas a un dispositivo. Proteger una red y las computadoras conectadas a ella contra malware, phishing, troyanos y acceso no autorizado es un trabajo de tiempo completo y extremadamente importante.

Habilidades de piratería

La piratería efectiva requiere una combinación de habilidades técnicas y rasgos de personalidad:

• La capacidad de trabajar con números y matemáticas es esencial. La piratería a menudo requiere clasificar grandes cantidades de datos, códigos y algoritmos informáticos.

• La recuperación de la memoria y el razonamiento lógico son necesarios porque la piratería implica ensamblar pequeños hechos y detalles, a veces de múltiples fuentes, en un plan de ataque basado en la lógica de cómo funcionan los sistemas informáticos.

• Paciencia. Los hacks tienden a ser complejos y requieren mucho tiempo para planificarse y ejecutarse.

¿Qué es la piratería cibernética?

La piratería es la actividad de identificar debilidades en un sistema informático o red para explotar su seguridad y así obtener acceso a datos personales o comerciales. Un ejemplo de piratería informática puede ser: usar un algoritmo de descifrado de contraseñas para obtener acceso a un sistema informático.

Las computadoras se han vuelto obligatorias para administrar un negocio exitoso. No basta con tener sistemas aislados; deben estar interconectados para facilitar la comunicación con empresas externas. Esto las expone al mundo exterior y a la piratería. La piratería del sistema significa usar computadoras para cometer actos fraudulentos como fraude, invasión de la privacidad, robo de datos corporativos/personales, etc. Los delitos cibernéticos cuestan a muchas organizaciones millones de dólares cada año, obligándolas a protegerse contra estos ataques.

¿Quién es un hacker?

Un hacker es una persona que encuentra y explota debilidades en los sistemas informáticos y/o redes para obtener acceso. Los piratas informáticos suelen ser programadores informáticos expertos con conocimientos de seguridad informática.

Tipos de hackers

Los piratas informáticos se clasifican según la intención de sus acciones. La siguiente lista clasifica los tipos de piratas informáticos según su intención:

Hacker ético (sombrero blanco): un pirata informático de seguridad que obtiene acceso a los sistemas para corregir las debilidades identificadas. También pueden realizar pruebas de penetración y evaluaciones de vulnerabilidad.

Cracker (sombrero negro): un pirata informático que obtiene acceso no autorizado de los sistemas informáticos para beneficio personal. La intención suele ser robar datos corporativos, violar derechos de privacidad, transferir fondos de cuentas bancarias, etc.

Grey Hat: Un hacker que se encuentra entre los hackers éticos y los black hat. Él / ella irrumpe en los sistemas informáticos sin autoridad para identificar las debilidades y revelar el propietario del sistema.

Script para niños: una persona no calificada que obtiene acceso a los sistemas informáticos utilizando herramientas ya creadas.

Hacktivista: Hacker que utiliza la piratería para enviar mensajes sociales, religiosos y políticos, etc. Esto generalmente se hace secuestrando sitios web y dejando el mensaje en el sitio web secuestrado.

Phreaker: un hacker que identifica y explota las debilidades de los teléfonos en lugar de las computadoras.

Ciberdelito

El delito cibernético es la actividad de usar computadoras y redes para llevar a cabo actividades ilegales, como la propagación de virus informáticos, el acoso en línea, la realización de transferencias electrónicas de fondos no autorizadas, etc. aplicaciones de chat

Tipos de delitos cibernéticos:

La siguiente lista muestra los tipos comunes de delitos cibernéticos:

Fraude informático: Engaño intencional para beneficio personal mediante el uso de sistemas informáticos.

Violación de la privacidad: exposición de información personal, como direcciones de correo electrónico, número de teléfono, detalles de la cuenta, etc. en las redes sociales, hackear un sitio web, etc.

Robo de identidad: Robar la información personal de alguien y hacerse pasar por esa persona.

Compartir archivos / información con derechos de autor: Esto implica compartir archivos con derechos de autor, como libros electrónicos y programas de computadora, etc.

Transferencia electrónica de fondos: implica obtener acceso no autorizado a las redes informáticas del banco y realizar transferencias de fondos ilegales.

Lavado de dinero electrónico: Esto implica el uso de computadoras para lavar dinero.

Fraude en cajeros automáticos: esto implica interceptar detalles de tarjetas de cajero automático, como el número de cuenta y los números PIN. Estos detalles se utilizan luego para retirar fondos de las cuentas interceptadas.

Ataques de denegación de servicio: esto implica el uso de computadoras en múltiples ubicaciones para atacar servidores y apagarlos.

Spam: envío de correos electrónicos no autorizados. Estos correos electrónicos suelen contener anuncios.

¿Qué es el hacking ético?

La información es uno de los activos más valiosos de una organización. Mantener la información segura puede proteger la imagen de una organización y ahorrarle mucho dinero.

La piratería puede provocar la pérdida de negocios para organizaciones financieras como PayPal. La piratería ética los coloca un paso por delante de los ciberdelincuentes que, de lo contrario, perderían negocios.

La piratería ética es legal. El Consejo Internacional de Consultores de Comercio Electrónico (EC-Council) ofrece un programa de certificación que evalúa las habilidades individuales. Los que aprueban el examen reciben certificados.

Casos resonantes de piratería informática

- **Aaron Swartz**

El enjuiciamiento al amparo de la CFAA (Ley de Fraude y Abuso de Computadoras, aprobada por el Congreso de los Estados Unidos en 1986) del activista de Internet Aaron Swartz es una de las principales razones por las que los críticos quieren reformar la ley. Swartz fue acusado en 2011 después de supuestamente conectarse a una red del MIT y descargar 2,7 millones de trabajos académicos que estaban disponibles gratuitamente para cualquier visitante del campus a través del servicio JSTOR. El propietario del servicio no presentó una denuncia, pero el Departamento de

Justicia procesó de todos modos, diciendo que Swartz violó los términos del servicio al descargar los documentos con la intención de distribuirlos fuera del campus. "Robar es robar", dijo la fiscal federal Carmen Ortiz.

Los fiscales acusaron a Swartz de cuatro cargos por delitos graves, pero luego aumentaron esto a 13 cargos delineando cada fecha en que descargó documentos y convirtiéndolos en cargos separados, aumentando así la sentencia máxima que enfrentaba a 50 años y sus posibles multas a $1 millón. Los fiscales le ofrecieron a Swartz un acuerdo de culpabilidad que lo habría hecho pasar seis meses en prisión, pero lo rechazó porque no quería pasar tiempo en prisión ni una condena por un delito grave en su registro. Tres meses antes de su juicio, Swartz se suicidó, lo que su familia atribuyó en parte al exceso de celo de la acusación.

- **Andrés Auernheimer**

Andrew Auernheimer (también conocido como "weev"), un autoproclamado troll de Internet, no era una figura comprensiva cuando el gobierno presentó cargos de piratería contra él y su amigo Daniel Spitler en 2011. Los dos descubrieron un agujero en el sitio web de AT&T que les permitió obtener las direcciones de correo electrónico de los usuarios de iPad de AT&T. Spitler y Auernheimer escribieron un script que logró recopilar unas 120 mil direcciones de correo electrónico. El gobierno insistió en que acceder a correos electrónicos desprotegidos a los que AT&T no quería que nadie accediera era piratería informática.

Auernheimer fue declarado culpable y condenado a tres años y medio de prisión. Sin embargo, su condena fue anulada en la apelación por la cuestión del lugar: el tribunal dictaminó que Nueva Jersey, donde se juzgó el caso, no tenía por qué acusarlo ya que ninguno de sus delitos ocurrió en ese Estado. Desafortunadamente, esto significó que el problema más importante abordado por sus abogados en la apelación, desafiar la afirmación del gobierno de que el acceso a datos en un sitio web público calificaba como piratería, nunca se resolvió.

- **Matthew Keys**

Según la propia admisión del gobierno, el delito de piratería informática de Matthew Keys fue menor. Pero los fiscales inflaron las pérdidas de la víctima para elevar los cargos de delitos menores a tres delitos graves, según sus abogados.

Keys había sido productor web para KTXL FOX-40 TV en Sacramento antes de que terminara su trabajo en octubre de 2010, luego de una disputa con los gerentes. Más tarde, en una sala de chat en línea frecuentada por miembros de Anonymous, reveló el nombre de usuario y la contraseña de un servidor, propiedad de Tribune Company, empresa matriz de Fox-40 y el periódico Los Angeles Times, y alentó a los miembros a usar las credenciales para "ir a joder con algo de mierda".

En un caso, los jueces dictaminaron que alguien no tenía que hackear algo para ser acusado como hacker bajo la CFAA.

Un hacker conocido como "Sharpie" usó las credenciales para alterar superficialmente una noticia de LA Times. La brecha se descubrió en una hora y el artículo se restauró, aparentemente causando pocos daños. Sin embargo, los fiscales no acusaron a Keys de conspiración para obtener acceso no autorizado. Lo acusaron, entre otras cosas, de conspiración para causar daños no autorizados a una computadora, luego procedió a trabajar con la víctima para elevar los daños y perjuicios. Hicieron esto calculando la actividad que no involucró daños a las computadoras. Por ejemplo, contaron como daño la cantidad de tiempo que los trabajadores de Fox-40 pasaron respondiendo a los correos electrónicos que Keys supuestamente les envió después de dejar su trabajo y respondiendo a las quejas de los espectadores que llegaron después de que Keys supuestamente obtuviera una lista de correo electrónico de espectadores y les enviara spam.

• **Fidel Salinas**

Fidel Salinas, un joven de 28 años con vínculos con Anonymous, enfrentó lo que puede ser el procesamiento de piratería informática más esquizofrénico de todos los tiempos: en 2012, fue acusado de 44 delitos graves de fraude y abuso informático, cada uno con un potencial de 10 años de prisión. (Salinas afirma que los 440 años de prisión tenían la intención de obligarlo a piratear objetivos en nombre del FBI, lo que se negó a hacer).

Sus abogados defensores cuestionaron la extralimitación de la fiscalía, que incluía agregar un nuevo cargo por cada vez que Salinas simplemente había ingresado texto en el sitio web de una víctima no identificada en el transcurso de minutos. Bajo escrutinio, el caso de los fiscales se vino abajo rápidamente. A fines de 2014, la montaña de cargos contra Salinas se había reducido a un solo delito menor: ralentizar un sitio web del gobierno estatal al consultarlo repetidamente con un software de escaneo de vulnerabilidades. Fue sentenciado a seis meses de prisión y una multa de $10,600.

* **Lori Drew**

El gobierno amplió las fronteras de la CFAA a nuevas dimensiones al acusar a una madre de Missouri de mediana edad llamada Lori Drew de piratería informática en 2008. Los fiscales acusaron a Drew, no por violar una computadora, sino por violar los términos de servicio de MySpace después de que ella conspiró con otras tres personas para abrir una cuenta falsa de MySpace como un adolescente inexistente llamado Josh Evans. Drew y sus asociados usaron "Evans" para intimidar a una adolescente que se había peleado con la hija de Drew.

Después de que la niña hackeada, que tenía antecedentes de depresión, se suicidara, el público presionó a las autoridades para acusar a Drew de un delito, cualquier delito. No había ninguna ley contra el acoso cibernético, por lo que los fiscales acusaron a Drew de acceso no autorizado a las computadoras de MySpace porque violó el acuerdo de usuario del sitio. MySpace requería que los registrantes proporcionaran información fáctica sobre ellos mismos al registrarse y también se abstuvieran de usar la información obtenida del sitio para acosar a alguien. Los fiscales argumentaron que, al violar este contrato, Drew había cometido el mismo delito que cualquier hacker. El jurado estuvo de acuerdo. Pero el juez finalmente anuló la condena., sobre la base de que la interpretación del gobierno de la CFAA era constitucionalmente vaga y "convertiría a una multitud de usuarios de Internet inocentes en delincuentes menores".

- **David Nosal**

David Nosal había trabajado para la firma de búsqueda de ejecutivos Korn/Ferry International. Después de irse, convenció a sus antiguos colegas para que accedieran a una base de datos de la empresa y le dieran secretos comerciales para ayudarlo a lanzar un negocio competitivo. Sin embargo, en lugar de que Korn/Ferry lo demande por robo de secretos comerciales, los fiscales lo acusaron en virtud de la CFAA por inducir a los trabajadores de Korn/Ferry a acceder a datos a los que estaban autorizados a acceder pero que tenían prohibido divulgar según los términos de su contrato de trabajo.

Nosal fue condenado en 2013, pero no antes de que su caso hiciera dos visitas al Tribunal de Apelaciones del Noveno Circuito para abordar las circunstancias inusuales. La primera vez, los jueces de circuito dictaminaron que alguien no tenía que hackear algo para ser acusado como hacker bajo la CFAA. La segunda vez, los jueces fallaron sobre un punto más sutil, concluyendo que los empleados no podían ser procesados bajo la CFAA simplemente por violar la política de uso de computadoras de su empleador. Sin embargo, se mantuvieron otros cargos de la CFAA, derivados de acusaciones de que, al menos en un caso, ex empleados usaron las credenciales de un empleado actual para acceder a los datos de Korn/Ferry y pasar información a Nosal. Nosal fue declarado culpable y condenado a un año y un día. El caso se encuentra actualmente en apelación.

- **Sergei Aleynikov**

Sergei Aleynikov fue un programador de Goldman Sachs que ayudó a desarrollar su software de comercio de alta velocidad. Poco antes de dejar su trabajo, descargó el código que había escrito para la empresa. En 2009, los fiscales lo acusaron de acceso no autorizado en virtud de la CFAA, así como de robo de secretos comerciales en virtud de la Ley de Espionaje Económico y de transporte interestatal de propiedad robada. En su defensa, Aleynikov afirmó que solo tenía la intención de descargar archivos de software de código abierto en los que había trabajado; su colección de una pequeña cantidad de código propietario además de eso había sido inadvertida. Sus abogados se movieron para desestimar el cargo de CFAA, y el tribunal estuvo de acuerdo, dictaminando que "un empleado con autoridad para acceder al sistema informático de su empleador no viola la CFAA al usar sus privilegios de acceso para apropiarse indebidamente de información".

Sin embargo, los otros cargos se mantuvieron y Aleynikov fue condenado en 2011. Aunque un tribunal federal de apelaciones revocó posteriormente la condena y dictaminó en parte que Aleynikov había sido acusado erróneamente de espionaje, la oficina del fiscal de distrito en Manhattan encontró leyes estatales bajo que presentar nuevos cargos por el "uso ilegal de material científico secreto" y la "duplicación ilegal de material relacionado con la computadora". Aleynikov fue condenado por el primer cargo, pero absuelto del segundo.

Capítulo 3
Piratería del cine

Piratería cinematográfica: quién, cómo y cuándo se empezó a robar películas.

Estamos acostumbrados a descargar de todo, desde torrents (Los torrents funcionan dividiendo el archivo de destino en pequeños fragmentos de información, localizados en un número ilimitado de hosts diferentes. Por medio de este método, los torrents son capaces de descargar archivos grandes rápidamente), desde software costoso y complejo hasta películas y programas de televisión.

Pero el robo de contenido y propiedad intelectual de otras personas no es un invento moderno. Estos actos ilícitos son mucho más antiguos. Robar las obras de otras personas comenzó en la antigüedad. No es casualidad que la mayoría de los antiguos manuscritos griegos y romanos nos hayan llegado solo en forma de citas.

¿Desde cuándo se piratean películas? Literalmente desde sus inicios. Teniendo en cuenta que antes del cine, las historias, los personajes y otras ideas para las representaciones teatrales se robaban con éxito unos a otros, esto no es sorprendente. Aunque con el cine desde un principio todo fue mucho más interesante.

En la década de 1910, Thomas Edison era el único propietario de las patentes para el uso de la cámara de cine y el proyector de películas. De hecho, era un monopolio en el mundo del cine. Sin su conocimiento y sin su participación, nadie podía hacer ni exhibir películas en los cines. Muchos vieron un negocio en la demanda paralela de cine.

Lo mismo sintieron los cineastas amantes de la libertad, que consideraban que el monopolio era un enfoque equivocado. Intentaron hacer películas independientes y Edison los combatió sin piedad. Por ley, los directores de aquellos tiempos, que no reconocían el control de una sola persona sobre toda una industria, eran auténticos piratas.

Pero, de hecho, todo fue lo contrario: fue Thomas Edison quien se comportó como un pirata, porque usó métodos puramente gánsteres para combatir el cine ilegal. Las personas contratadas por él irrumpieron en los cines y destrozaron equipos de video ilegales, que generalmente se compraban en el extranjero. Los espectadores de tales programas eran expulsados groseramente y, a veces, incluso se cometieron incendios provocados para intimidar a otros que no estaban de acuerdo con las políticas de Edison.

Paralelamente, Thomas organizó un fideicomiso llamado Motion Picture Patents Company, que luchó contra las proyecciones de películas ilegales con la ayuda de los tribunales.

Los oponentes de Edison, de los cuales había muchos, tampoco se quedaron de brazos cruzados. Bombardearon los tribunales y los funcionarios del gobierno con denuncias sobre el "monopolio pirata". Este apodo se le dio a Edison en la prensa.

Esta historia terminó solo en 1918, cuando se aprobó una ley que permitía a todos filmar y exhibir películas libremente. Pero la piratería, por supuesto, no fue derrotada. Simplemente cobró impulso.

La libertad hizo su trabajo, y la industria cinematográfica en los Estados Unidos respiró hondo. Los directores y estudios independientes hacían películas, los cines alquilaban películas y organizaban proyecciones, todo parecía estar bien. Aunque la avaricia de ganar más, hizo que la piratería usara otros trucos.

El primero es el más banal: la película se alquilaba por un número específico de días, pero se reproducían un poco más. El titular de los derechos de autor no podía realizar un seguimiento de todas las copias, y de toda la taquilla que se recaudada en esos días "extra", que iba a parar al bolsillo del distribuidor.

El siguiente esquema ya es más complicado, pero también mucho más rentable. Las películas alquiladas generalmente las entregaban personas de una empresa de camiones de reparto. El dueño de los cines les ofrecía algo de dinero para pasar por algún lugar del camino y comer algo, dejando el camión desatendido.

Los repartidores hacían exactamente eso y luego, con una mirada inocente, les decían a los policías que le habían robado la película. Bueno, la película en ese momento ya había sido copiada y enviada a los cines cómplices con éxito. Todas las ganancias de las impresiones de estas copias iban solo al bolsillo del distribuidor.

Debido a estos esquemas, ya en los años 30 y 40, apareció una gran cantidad de inspectores y policías que trabajaban solo en el campo de la piratería. Controlaban qué películas se mostraban en los cines, hacían secuestros de copias ilegales y encarcelaban sin piedad a los distribuidores. Todo esto redujo en gran medida el número de los que estaban dispuestos a correr riesgos y robar contenido, pero una nueva desgracia llegó de donde no se los esperaba.

En las décadas de 1960 y 1970, las empresas de televisión asumieron el papel de piratas despiadados. Entonces la televisión estaba en su apogeo, y los canales de televisión compraban voluntariamente películas para mostrarlas al aire.

Solo que ahora el tiempo aire de la gente de la tele se dividía en franjas horarias, que alternaban con la publicidad. Al mismo tiempo, los canales de televisión no querían mostrar las películas en su totalidad durante demasiado tiempo. Su decisión fue muy simple y absolutamente repugnante: cortaron las películas como mejor les pareció para que encajaran en los espacios de aire y en el programa de transmisión. Y entre las piezas de la película, se insertaron 9-10 cortes comerciales. Con este enfoque, algunos fragmentos de la película que resultaban ser "superfluos" simplemente eran desechados.

Como resultado, la película podría perder escenas importantes, o incluso cambiar completamente el significado, porque para la gente de la televisión no importaba lo que el director quisiera transmitir a su audiencia. ¡A veces, la duración de la película en la versión televisiva se reducía 2 o incluso 3 veces!

Durante un tiempo, los directores toleraron esta rudeza, pero al final, los cineastas, encabezados por Steven Spielberg y George Lucas, se rebelaron. Argumentaron con vehemencia que la película no debería cortarse como una hogaza de pan, y se demostró que tenían razón. Las compañías de televisión tenían que encontrar suficientes espacios en su tiempo de transmisión para mostrar películas completas.

Pero… la edad de oro de la piratería estaba por llegar.

A fines de los años 70 y principios de los 80, apareció en los mercados una gran cantidad de reproductores de video, lo que hizo posible no solo ver películas en casa, sino también copiarlas. Cada propietario de una videograbadora podía volver a grabar fácilmente la película en cualquier cantidad de casetes VHS. Para los cineastas, fue un desastre.

Al principio, las compañías cinematográficas comenzaron a dar la voz de alarma y gritar que "¡los piratas destruirán la industria del cine!", pero rápidamente se dieron cuenta de que era inútil y hasta dañino pelear con la audiencia. Y aquí usaron el principio "Si no les puedes ganar, úneteles".

Comenzaron a producirse casetes VHS legales con películas para ver en casa. Naturalmente, esto no era una panacea, pero resultó ser la mejor manera de salir de la situación.

Dado que los espectadores comunes ahora se habían convertido en piratas, los cineastas no tenían ninguna posibilidad de ganar. Fue con la llegada de los equipos de video disponibles para una persona común que nació una grabación de pantalla. Chicos valientes sacaban entradas a los cines para las últimas filas, llegaban con cámaras y gravaban películas en VHS.

La calidad era realmente mala, las cabezas de los que se sentaban delante entraban constantemente en el marco, en el fondo la gente masticaba palomitas de maíz y gorgoteaba cola. Algunos piratas fueron más allá y trajeron grabadoras de voz para una mejor grabación de sonido, y luego superpusieron la pista de audio en la secuencia de video.

El mayor golpe de suerte fue grabar la revisión final de una producción cinematográfica y copiarla. Estas versiones fueron enviadas a periodistas y críticos mucho antes del estreno para que pudieran escribir sus propios artículos y reseñas. En las primeras versiones, las películas no estaban terminadas, no había efectos especiales, había problemas con el sonido, pero aparecían copias piratas incluso antes del lanzamiento oficial.

Seguro que muchos de vosotros recordáis aquellos mismísimos salones de vídeo y alquiler de vídeos de los años 90, donde simplemente no había casetes licenciados con películas. El 99% de lo que había en nuestros estantes eran copias pirateadas de calidad variable. Era común que el cliente se acercara a uno de estos negocios clandestinos y le entregara al vendedor una lista de sus películas favoritas, y a los pocos días, recibía una grabación de ellas en un CD virgen.

Una forma de arte separada puede llamarse traducción y doblaje de películas, que en ese momento eran casi siempre monofónicas y de aficionados.

El formato VHS pasó de moda rápidamente porque aparecieron los DVD.

El nuevo sistema de almacenamiento lanzó una nueva ola de piratería. Los discos eran más pequeños, lo que permitía una grabación aún más discreta en los cines. Y eran mucho más espaciosos. ¿Recuerdas todas esas colecciones de 10 películas en una?

Aquí todo salió según el mismo esquema que con los casetes. Los estudios de cine lanzaron películas en nuevos medios, pero los piratas inundaron el mercado con copias más baratas, por lo que la mayoría de la gente veía la versión pirata y no la legal.

Y aquí nos acercamos a lo que tenemos en este momento. Un poco antes mencionamos la edad de oro de la piratería, y llegó justo después de la popularidad de VHS y DVD. Internet es el océano mismo donde nació y aún vive la hermandad pirata.

Para la década de 2000, Internet se había vuelto lo suficientemente rápido y popular como para intercambiar archivos, incluso los pesados como películas, como mínimo. Y el formato digital hizo posible ver películas en cualquier computadora sin equipo adicional ni dificultades.

Y si en los años 90 y al comienzo del cero aún no existían tecnologías para la transferencia rápida e ininterrumpida de películas, entonces a mediados de la década apareció algo que golpeó a la industria cinematográfica de una manera que nunca antes había sido golpeada. El P2P o completamente Peer-to-Peer es una tecnología que permite intercambiar archivos fácilmente con todos los miembros de la red.

Sin entrar en detalles técnicos, es la misma tecnología que permitió que Internet se volviera realmente popular. La esencia de P2P es que todas las computadoras en la red son iguales. El trabajo no está atado a uno o más servidores que se pueden apagar o simplemente controlar. Esto significaba que los titulares de los derechos de autor no podían detener la distribución de copias pirateadas.

Por supuesto, las compañías cinematográficas no se dieron por vencidas y trataron de luchar con todas sus fuerzas, pero no tenían idea de qué manera tenían que luchar. Primero, intentaron atrapar y demandar a los usuarios comunes que transmitían contenido pirateado. Luego intentaron demandar a la empresa Kaleidoscape, que desarrolló una tecnología para copiar películas de DVD y reproducirlas en cualquier dispositivo.

En 2008, bajo la presión de los representantes de la industria cinematográfica en los Estados Unidos, se aprobó la Ley de Propiedad Intelectual. Esta es una ley que le permite bloquear cualquier sitio del que se quejen los titulares de los derechos de autor sin ningún procedimiento especial.

En 2012, se cerró el servicio de intercambio de archivos más grande de la época, Megaupload. Este

evento se presentó como un triunfo de los titulares de
los derechos de autor.

Gradualmente, en los países desarrollados, y
especialmente en los Estados Unidos, las leyes de
infracción de derechos de autor se hicieron más
estrictas. Ahora, por ejemplo, el FBI puede entrar en la
casa de cualquier persona sospechosa de copiar y
distribuir películas ilegalmente.

Pero aquí la situación es como con una hidra: puedes
cortar cabezas, pero crecerán varias nuevas en lugar
de cada una. Los rastreadores de torrents por sí solos
valen algo. La tecnología funciona a la perfección, lo
que le permite transferir fácilmente cualquier archivo
a cualquier número de usuarios. Y el ejército de los que
eluden la protección de los derechos de autor y hacen
que la propiedad intelectual de alguien sea de dominio
público es mayor que nunca.

Y, sin embargo, aunque la piratería se puede tratar de
manera diferente, ¿qué efecto tiene en la industria
cinematográfica? Alguien dice que el contenido ilegal
es un mal inequívoco, alguien, por el contrario, cree
que los piratas son algo así como camilleros, y por qué
alguien pagaría tanto dinero por ver películas. La
verdad, como siempre, está en el medio.

Por un lado, la industria cinematográfica realmente
está perdiendo mucho dinero debido a la piratería. Los
pequeños estudios, que no tienen un gran margen de
seguridad y que dependen por completo del éxito de
cada uno de sus producciones, se ven especialmente
afectados.

Por otro lado, si no hubiera piratería, es probable que las compañías cinematográficas nunca publicaran sus películas en DVD, los servicios de transmisión y los cines en línea no aparecerían. El espectador se vería obligado a ver películas solo en cines o en la televisión con un montón de comerciales.

Sea como fuere, los piratas y los contenidos pirateados han sido uno de los alicientes de la industria cinematográfica. Hicieron avanzar el cine, aunque de manera muy sutil.

Y aunque la piratería todavía está desarrollada, la situación está lejos de ser un desastre. Los productores de contenido de video se están volviendo más sabios y buscan un compromiso en lugar de una guerra inútil. Por el momento, una de las razones más comunes para consumir contenido pirateado es el alto precio de una suscripción a los servicios en línea. Bueno, como la cuestión es solo de precio, el equilibrio se encontrará tarde o temprano.

Las compañías cinematográficas intentan estrenar la película en todo el mundo al mismo tiempo, para que los espectadores no se sientan tentados a ver la película pirateada antes del estreno. La brecha entre el estreno en cines y el lanzamiento del DVD, así como la aparición de la película en los servicios en línea, se ha vuelto mínima.

Cada vez hay menos razones para que los piratas roben contenido, aunque seamos honestos, no siempre se necesita una buena razón. Para muchos, descargar una película de un torrent se ha convertido en un hábito tan fuerte que ninguna cantidad de indulgencia de los titulares de derechos de autor lo cambiará.

Para muchos, la piratería se ha convertido no solo en una oportunidad de ahorrar dinero, sino en un estilo de consumo. Algunos opinan que todo debe ser compartido y gratuito, a otros les gusta sentir que han engañado al sistema, y algunos quieren rebelarse contra el sistema, y su protesta es negarse a pagar por el contenido.

Según la lista elaborada por TorrentFreak.com, la película de ciencia ficción y aventuras 'Avatar' de James Cameron es la más pirateada de la historia, con 21 millones de descargas ilegales, seguida en el ranking por otras superproducciones recientes.

Según el gráfico, a "Avatar" (2009) le sigue "The Dark Knight" (2008), con 19 millones de descargas, igual a "Transformers" (2007).

El top 5 de las películas más pirateadas lo completan "Origen" (2010), con 18 millones de descargas, y "Resacón en Las Vegas", con 17 millones.

"Avatar" es la película más taquillera de todos los tiempos: 2780 millones de dólares en todo el mundo.

Capítulo 4
Piratería de marcas

¿Qué hay de malo con las réplicas de marca?

Una réplica es una copia no autorizada o ilegal de un original que posee un logotipo registrado, por lo que se la considera falsa. La réplica se diferencia del original en que no fue realizada por el dueño de la marca. No hay ninguna marca original en el artículo, no se le adjunta ningún certificado de autenticidad. En general, se acepta que la réplica es de calidad inferior al original, por cuanto su fundamento es ahorrar en materias primas para abaratar costos y hacerlo tentador.

Por ejemplo, están los balones de fútbol Adidas Telstar. Los chinos copiaron el diseño y suministraron balones similares con el logotipo. Esta es una réplica de la marca.

El comercio de réplicas no es un negocio clandestino, se desarrolla prácticamente impune a simple vista, aunque es perseguido por las autoridades. Las copias de zapatillas y teléfonos de marca se exhiben abiertamente tanto fuera como en línea. Los vendedores describen honestamente que el producto no es original. Los compradores también son conscientes: lo necesitan porque es más barato. Encontrar un proveedor de China es fácil. Esta apertura da la falsa impresión de que el comercio es legal. Pero realmente no lo es.

Legalmente, una réplica de marca es una falsificación a la que se aplicó el famoso logotipo. La calidad de la falsificación no importa. Vender réplicas es tan ilegal como piratear el sitio web de una serie. Y el reconocimiento honesto en la descripción de los bienes no exime de responsabilidad al vendedor.

¿Por qué es ilegal vender réplicas?

Una marca o marca registrada es un medio para individualizar un producto. La marca tiene un titular de los derechos de autor: la empresa que inventó y lanzó el producto a la venta. El titular de los derechos puede ganar todo lo que quiera con productos con el logotipo de la empresa. Y todo lo demás, solo bajo un acuerdo de licencia o un acuerdo de concesión comercial con él.

Por ejemplo, el propietario de la marca registrada de las zapatillas Converse es la empresa estadounidense Converse Inc. Todas las tiendas que poseen su franquicia solo pueden vender sus zapatillas por contrato con él.

Si el vendedor no es consciente de que compró productos no originales de los proveedores, esto no elimina la responsabilidad. La reventa de productos falsificados también es ilegal.

Los productos falsificados son capturados por la policía y la aduana cuando ingresan al país. La policía acude a la tienda por denuncia de la marca y, bajo la apariencia de compradores, realiza una compra de prueba. El recibo de caja se convierte en prueba de la venta de mercancías falsificadas.

Las quejas de marcas extranjeras son presentadas por sus oficinas de representación oficiales o abogados contratados. Por supuesto, no todas las marcas buscan tiendas falsas, y llegar a todos es simplemente poco realista. Por tanto, para el vendedor de réplicas, el tema de la responsabilidad es cuestión de suerte.

El vendedor de réplicas corre el riesgo de pagar una compensación a la marca, una multa al estado e incluso obtener antecedentes penales. Las tiendas y cuentas en línea están bloqueadas debido a quejas de la marca. Al mismo tiempo, el vendedor puede obtener compensación, multa y bloqueo al mismo tiempo.

El mercado de artículos de lujo falsos en las redes sociales

Meta (antes Facebook) está tratando activamente de detener a los estafadores que promocionan marcas de lujo falsificadas como Gucci, Louis Vuitton y Chanel en su mercado. Solo Facebook tiene más de 26 mil cuentas activas que venden falsificaciones, escribe en un artículo Reuters, citando un estudio de Ghost Data.

Los expertos entrevistados por la agencia describen la lucha de las marcas contra las falsificaciones en Facebook, Instagram y WhatsApp como un juego de "golpear al topo".

"Facebook e Instagram son mercados clave para los productos falsificados. Hace diez años era eBay y hace cinco años era Amazon", cita Benedict Hamilton, director general de Kroll, una empresa de detectives privados contratada por marcas afectadas por la falsificación y el contrabando.

Investigadores de Ghost Data encontraron más de 26 mil cuentas falsas en Facebook entre octubre y noviembre de 2021 y 20 mil en Instagram, más que el año pasado, pero por debajo del pico de 2019, cuando identificaron unas 56 mil cuentas. Alrededor del 65 % de las cuentas fraudulentas detectadas en 2021 se crearon en China, seguida de Rusia (14 %) y Turquía (7,5 %).

"Vender falsificaciones y fraudes es un problema que siempre ha seguido al advenimiento de las nuevas tecnologías", citó como respuesta un vocero de Meta. "La compañía trabaja para prevenir mejor tales situaciones", dijo.

Para exhibir productos, los vendedores falsificados usan funciones como los catálogos de productos de WhatsApp, que no están encriptados y son accesibles a través de un perfil comercial. Según la experta en ciberseguridad Andrea Stopp, las compras se realizan con mayor frecuencia en las plataformas Meta, y no a través de enlaces a sitios externos.

A la cárcel por una bolsa

En diciembre de 2020, Alina Lavrentyeva-Pak, hija de la dueña de la empresa Rusmoda Oksana Lavrentyeva, contó en Instagram que el bolso Birkin de la casa de moda francesa Hermès, que una vez recibió su madre y de cuya autenticidad estaba segura, resultó ser falso. Así lo descubrió cuando Lavrentyeva-Pak llevó el bolso al servicio oficial de la boutique parisina de la marca por problemas con el asa, desde donde más tarde recibió una llamada con la mala noticia. "Sé cómo tratan en Francia estos casos. Si fuera allí, llamarían a la policía y fácilmente puedes ir a la cárcel por una bolsa falsa", escribió la joven en una publicación que obtuvo casi 12 mil me gusta y más de 1 mil comentarios.

Estas palabras las confirma Daria Tarnopolskaya, cofundadora del proyecto de consultoría Easy France Pass y especialista fiscal en Francia: "Aquí, el desconocimiento de las leyes realmente no es excusa. Cualquiera que use una falsificación se arriesga a una multa de hasta 300 mil € y una sanción penal en forma de prisión de hasta tres años. Por supuesto, si lo atrapan con una bolsa falsa en la calle, los riesgos no son tan grandes. Aunque incluso aquí puede verse obligado a pagar una multa equivalente a uno o dos del costo del original.

La mayoría de las veces, las falsificaciones se detectan al llegar a Francia: en estaciones de tren, puertos o aeropuertos. Las autoridades francesas respetan estrictamente los derechos de las marcas, por lo que, al prepararse para cruzar la frontera, los turistas deben evaluar cuidadosamente su equipaje y equipaje de mano. Se presta atención no solo a los artículos de lujo exclusivos. Juegos, electrodomésticos, medicamentos e incluso alimentos: los productos falsificados se pueden encontrar en cualquier categoría de productos. Se identifica por varios signos: por ejemplo, un lugar de producción sospechoso, una etiqueta con faltas de ortografía y mala calidad en comparación con los estándares de la marca (imperfección de costuras, acabados, estampados, accesorios y tejidos).

A veces es imposible reconocer una falsificación a simple vista. La falsificación de alta calidad causa especial preocupación entre las marcas, porque es la que constituye la principal competencia a sus productos y la que está introduciendo al público objetivo. Tales casos se divulgan no tanto en el límite del paso fronterizo, sino en los servicios oficiales de reparación con un análisis detallado del objeto cuestionado.

En septiembre de 2020, finalizó en París el juicio de exempleados de la casa de moda Hermès, acusados de producir y vender bolsos Birkin falsos a clientes asiáticos. La investigación encontró que estaban desarrollando una falsificación, encargando piel de cocodrilo a un proveedor italiano y usando cremalleras y otros accesorios exportados ilegalmente desde los talleres de la marca francesa. La pandilla vendió productos falsificados por 20.000-30.000 €, ganando alrededor de 2 millones de € al año. Cada uno de los diez participantes en la operación recibió una sentencia suspendida de seis meses a tres años. Algunos también recibieron multas de 100 000 a 200 000 €.

¿Y en otros países?

Los problemas de usar falsificaciones y obsequios caros son más escrupulosos en países donde se desarrollan marcas fuertes con historia. En Italia, como en Francia, el comprador de productos falsificados -no importa si es ciudadano del país o turista- puede recibir una sanción administrativa en forma de multa de varios miles de euros. Donde la institución de la propiedad intelectual apenas se está desarrollando, tales violaciones se tratan de manera más simple.

Por ejemplo, en el Reino Unido, se sanciona a los fabricantes y vendedores de falsificaciones, pero no a los compradores. Se les pide que vigilen la calidad de los productos que compran y que recuerden que comprar falsificaciones perjudica el negocio de las marcas originales, les quita el sustento a sus empleados y también reduce la cantidad de dinero que ingresa a la economía del país.

Una situación similar se está desarrollando en los EE. UU., donde las falsificaciones de artículos de marca son especialmente populares. El comprador de un bolso Prada suele clasificarse como víctima de estafadores. Sin embargo, si sabía que había comprado un producto falso y quería revenderlo, podría ser acusado de vender productos falsificados. Las mismas sospechas pueden surgir al cruzar la frontera si los funcionarios de control de aduanas encuentran una falsificación en el equipaje. Además, las autoridades estadounidenses creen que el producto de la venta de artículos falsificados puede utilizarse para financiar grupos terroristas o indicar lavado de dinero ilegal, lo que da lugar a procedimientos más graves.

En Rusia, los ciudadanos no solo salen a la calle sin miedo con bolsos falsos, sino que también lo cuentan con orgullo a los medios de comunicación, llamando a la réplica una de las formas de expresar la individualidad. Solo los fabricantes y vendedores de productos falsificados pueden ser considerados responsables: están sujetos al artículo 180 del Código Penal de la Federación de Rusia "Uso ilegal de medios de individualización de productos" con una pena máxima de multa de hasta 1 millón de rublos. o prisión de hasta seis años.

Por lo general, los infractores de la ley se identifican mediante una compra de prueba. Así fue como, en 2018, en una de las tiendas Ridiculous Prices de Moscú se encontraron zapatillas Adidas y camisetas Dior falsas, por lo que el propietario recibió una multa de 110 mil rublos en el verano de 2020. Los representantes de Dior presentaron una demanda por daños y perjuicios por separado, que en diciembre fue aprobada por un tribunal ruso. Ordenó a los vendedores de falcificaciones que pagaran una cantidad adicional de 439.500 rublos, equivalente al costo de diez camisetas originales de la marca francesa.

Las marcas más falsificadas

Los omnipresentes productos falsificados han sido la pesadilla de muchos consumidores durante años. En la era de las compras en portales como Aliexpress, es muy fácil toparse con productos aparentemente originales, alentándolos con un precio extremadamente bajo. Curiosamente, no son solo los artículos de lujo los que se falsifican a gran escala. ¿Qué empresas están entre las diez más falsificadas?

Rolex

La marca suiza de relojes ha cautivado con atemporalidad, elegancia y calidad desde 1905. No es de extrañar que muchos quieran tener al menos un reloj similar en su colección. Sin embargo, no todo el mundo es capaz de destinar varios o incluso varios miles de dólares/euros para su compra. Según una investigación, el número de búsquedas de artículos Rolex falsos ha superado las 228 mil en el 2021. Para el vendedor de productos falsificados esta demanda es tentadora. Por una cantidad varias veces menor, ofrecen relojes duplicados, que en la mayoría de los casos coinciden con los originales solo en apariencia desde la distancia...

Nike

La empresa de ropa y calzado deportivo más popular también domina el mercado de las falsificaciones. La popularidad no afecta la disponibilidad en las tiendas y en los sitios web, también en términos de precio. Los productos Nike originales se pueden comprar a precios muy asequibles en casi cualquier parte del mundo. Sin embargo, los fabricantes de productos falsificados continúan produciendo los modelos de calzado más populares, que en la mayoría de los casos se parecen a los originales de manera confusa.

Louis Vuitton

Una casa de moda francesa que no necesita presentación. Sin embargo, la fama tiene sus pros y sus contras. Gracias a su reputación, la marca LV también ha ganado adeptos entre los fabricantes de falsificaciones. Al ver la demanda de artículos de lujo, que tampoco permiten que todos puedan comprar a esos precios, los creadores y vendedores a escala mundial producen bolsos y accesorios de marca falsificados para surtir esa demanda. Sin embargo, como se puede predecir, cualquier mercancía falsificada de Louis Vuitton suele ser inferior en calidad y, a menudo, en apariencia.

Yeezy

La marca firmada con el nombre de Kanye West desde el inicio de su existencia se ha convertido en un paraíso para los streetwearers y falsificadores. Los primeros diseños de zapatos que se agotaron inmediatamente inundaron Internet con el tiempo, pero en forma de falsificaciones más baratas. Este es también el caso hoy. Todos los nuevos tipos de zapatos y accesorios Yeezy se copian y se venden a un ritmo vertiginoso.

Adidas

Al mencionar a Yeezy, también vale la pena mencionar a la empresa matriz Adidas. En este caso, el gigante deportivo también pasa factura al mercado de las falsificaciones. Las situaciones se pueden comparar fácilmente con los productos de Nike porque también están ampliamente disponibles y sus precios suelen fluctuar dentro de límites bastante razonables. Principalmente los modelos más populares son falsificaciones y, como en Yeezy, productos que desaparecen de las estanterías nada más salir al mercado.

Gucci

Otra casa de moda de lujo que, gracias a su prestigio, ha reunido a un nutrido grupo de falsificaciones. Gucci lleva años deleitando con los detalles, el acabado y la calidad de sus productos. La mayoría de estos aspectos son los que faltan en los productos falsificados. En Internet es muy fácil encontrar duplicados falsificados, principalmente de bolsos de marcas italianas. Como ocurre con el resto, los productos falsificados solo se ven bien en las fotos.

Crocs

Otra marca de nuestra lista que no está incluida en el grupo de lujo. Los zuecos de espuma se han convertido en una parte indispensable de nuestra vida cotidiana, especialmente desde el comienzo de la pandemia. Cómodos, con un aspecto característico, por desgracia, también tienen sus falsificaciones. Un hecho interesante es que el calzado de Crocs se puede encontrar fácilmente en las tiendas y en Internet a precios accesibles; sin embargo, eso no detuvo hasta 25.000 búsquedas en Internet de estos zapatos falsificados.

Burberry

La empresa británica con su representativo patrón de cuadros se ha convertido en una víctima más de los falsificadores. Lamentablemente, el patrón conocido en todo el mundo es fácil de falsificar y difícil de distinguir del original. Muchos consumidores que buscan productos genuinos de Burberry a menudo son sorprendidos comprando productos falsificados sin saberlo. En este caso, se recomienda usar sitios web probados y tiendas con reputación seria.

Ray Ban

Una de las marcas de gafas más populares del mundo, asociada con la calidad y el prestigio. Con los Ray Ban, es difícil distinguir un original de uno falso. El aspecto principal suele ser el lugar de compra. A lo largo de los años, los falsificadores han pulido su profesión y, en gran medida, las falsificaciones vendidas no difieren significativamente de las genuinas.

Chanel

La casa de moda francesa se ha asociado con el lujo de la más alta calidad durante años. Así que no es de extrañar que exista una falsificación a gran escala (principalmente de bolsos). Los precios vertiginosos, a partir de varios miles de euros, no permiten que cualquiera pueda comprar el Chanel de sus sueños. Al igual que con los relojes Rolex, los falsificadores crean productos aparentemente idénticos y los venden a un precio varias veces inferior. Sin embargo, los bolsos originales de Chanel contienen muchos detalles muy característicos, gracias a los cuales se pueden distinguir de las falsificaciones.

Capítulo 5
Estaciones de radios piratas

A fines de la década de 1950, un nuevo fenómeno vio la luz del día. Los barcos de radio de aguas internacionales rompieron los monopolios de años de la radio estatal y ofrecieron a los oyentes toda una vida de música popular moderna en las ondas. Pero antes de que las radios en alta mar en el Canal de la Mancha hicieran famosas las radios piratas, un pequeño barco anclado en Øresund (estrecho que separa Dinamarca de Suecia) emitía ondas de radio con la música popular de la época que llegaban a ambos países. El barco se llamaba Cheeta y el canal era Radio Mercur, que se convirtió en la radio pirata más conocida de Dinamarca.

La idea de Radio Mercur vino de Per Jansen. En un viaje, Jansen conoció algo que lo cambiaría a él y a la historia de los medios daneses para siempre. En el Mediterráneo, un barco militar estadounidense estaba anclado y se comunicaba por radio al aire. La radio "La Voz de América" le dio a Jansen el deseo de construir algo similar en Dinamarca. Se alió con su primo Børge Agerskov y el mayorista de plata Ib Fogh.

Agerskov, que era estudiante de derecho, descubrió rápidamente una laguna en la legislación sobre radiodifusión que hacía posible transmitir radio desde aguas internacionales sin romper los monopolios de las estaciones de radio estatales establecidas. El derecho internacional sobre la materia dictaba que era ilegal transmitir radio desde "estaciones móviles en el mar". Pero, ¿qué pasa con un barco que estaba anclado?

Aunque ninguno de los tres caballeros tenía experiencia con la radiodifusión, no les tomó mucho tiempo establecer un canal de radio que compitiera con la Corporación de Radiodifusión del Estado (ahora DR), que había tenido el monopolio de la radiodifusión desde la Ley de Radio de 1925. Los radioaficionados podían, por supuesto, solicitar permiso para transmitir radio tal como se enviaba y recibía radio entre barcos y estaciones de radio costeras, pero los canales de radio reales con música y programas estaban reservados para el Estado.

Se suponía que Radio Mercur se financiaba con publicidad y, por lo tanto, se convirtió, hasta donde se sabe, en la primera radio financiada con publicidad en el mundo que transmitía desde aguas internacionales. Muchos más siguieron su ejemplo.

A partir de allí, las radios piratas se mudaron a tierra firme.

Las frecuencias por debajo de 30 metros se llenan con un gran número de estaciones. Transmiten miles de ellas todos los días. La mayoría son estaciones de radio nacionales, comerciales y otras de alta potencia. Casi todas transmiten en ciertas bandas separadas con nombres relacionados con la longitud de onda (por ejemplo, uno de los más populares es 49 metros y 41 metros). Sin embargo, este no es el único tipo de emisores que podemos encontrar durante las búsquedas en el ether, aunque la mayoría de los receptores simples están adaptados para recibir estas bandas. Otras bandas están destinadas a otros fines, por ejemplo, para radioaficionados con licencia, aunque se utilizan principalmente emisiones de SSB y CW.

El grupo de usuarios de ondas con frecuencias por debajo de 30 metros incluye un gran número de estaciones profesionales que trabajan para fines muy diferentes, por ejemplo, como radioayudas a la navegación en comunicaciones aéreas y marítimas, radiobalizas, transmisión de datos, información meteorológica o estaciones que transmiten información codificada para usos especiales.

Por supuesto, estos no son todos los usuarios del espacio radiofónico. Cierto grupo de entusiastas son los llamados Radio Libre. Son estaciones que no cuentan con los permisos correspondientes. Se trata de emisoras que emiten su programa de forma irregular o periódica, la mayoría de las veces de corta duración y con bajo consumo de energía. De una manera menos comprensiva, estas estaciones se llaman estaciones piratas. No todos saben que decenas de estaciones de este tipo transmiten cada semana no solo en Europa, sino en todo el mundo. Este desconocimiento se debe principalmente a dificultades en la recepción, que suele deberse a las bajas potencias que utilizan este tipo de estaciones. La mayoría de ellas tienen una potencia inferior a 100 W, y los transmisores con una potencia de 25 W y 40 W son muy populares. Por supuesto, hay estaciones que usan cientos de vatios o más. Las antenas transmisoras tampoco siempre están ubicadas de manera óptima y fabricadas correctamente.

La gran mayoría de las estaciones piratas se encuentran en los Países Bajos. Aunque no es un país muy grande, el enfoque liberal de las autoridades a muchos temas (y tal vez otras razones) ha resultado en el hecho de que la mayoría de estos radiodifusores aficionados sin licencia se encuentran en este país. Algunos de ellos también están ubicados en Alemania, Gran Bretaña e Italia, y al menos una estación en Grecia. Por supuesto, también se deben mencionar las estaciones al otro lado del océano. También hay piratas allí, pero por razones obvias recogerlos en Europa es extremadamente difícil (pero aún posible a veces) e incómodo debido al horario de transmisión (muy tarde en la noche)

Aquellos oyentes que utilizan ubicaciones fuera de las ciudades y tienen antenas externas definitivamente son privilegiados, mientras que los habitantes de la ciudad (especialmente casas de vecindad y rascacielos y otros lugares con un alto nivel de interferencia) tienen la menor posibilidad de recepción. Sin embargo, incluso los habitantes de bloques de pisos pueden captar las estaciones más potentes.

Las emisoras piratas, además de diferentes horarios de transmisión, también emiten en distintas frecuencias e incluso durante una tarde pueden cambiar de frecuencia. Esto se debe a la voluntad de verificar en otras bandas (diferentes condiciones de propagación), la voluntad de no molestarse entre sí (sí, en ciertos momentos hay muchas estaciones piratas), y quizás también por razones de seguridad (seguimiento por los servicios apropiados). Sin embargo, hay ciertos "lugares" donde estas estaciones suelen transmitir. Estas son las bandas de 76 y 48 metros en los rangos

3900-3945kHz y 6210-6400kHz. Las estaciones de EE. UU. prefieren el rango de 6800-7000 kHz. Además, se deben agregar alrededor de 9290kHz. Esto, por supuesto, se aplica a las ondas cortas, y también debemos mencionar las ondas medias. Aquí el final de la banda es popular, especialmente el rango extendido de ondas medias, es decir, por encima de 1611 kHz. En cuanto al horario de emisión, estos son principalmente los fines de semana, especialmente los sábados por la noche y los domingos por la mañana. Debido a las propiedades de propagación de la banda de onda media y 76 metros, se utilizan principalmente después del anochecer.

La actividad pirata depende de muchos factores, como las condiciones de propagación y el clima. El clima tormentoso no solo representa una amenaza para los equipos de transmisión y recepción, sino que también impide una recepción cómoda, ya que la señal se ve perturbada incluso por tormentas muy lejanas, y el crujido proveniente del altavoz puede desanimar a casi todos los oyentes. Y los remitentes sin destinatarios se vuelven innecesarios.

El contenido de las transmisiones de las estaciones descritas también es diverso. Hay estaciones que transmiten principalmente música y algo más solo ocasionalmente (por ejemplo, Mystery Radio de Italia). Hay estaciones que suenan muy profesionales (por ejemplo, Weekend Radio Music que transmite desde Gran Bretaña; 6400kHz). Una gran parte de las emisoras holandesas crean programas bastante aficionados según un patrón: algunas canciones, el nombre de la emisora, el correo electrónico y el número de teléfono (para enviar informes de audiencia) y, de nuevo, algunas canciones. Son muy a menudo polka y las llamadas piezas. Schlagers. Sin embargo, también hay emisoras de música mixta, dance, rock, techno, etc. Otras radios emiten programas de otra emisora. Lo cierto que, al ser una audiencia más restringida, los operadores y los oyentes más comprometidos se conocen entre sí. Al menos cada año organizan su rally (Summer Meeting 200 X).

######

Títulos que componen la
"Enciclopedia de los misterios"

Volumen 1:
Cap.1 Personajes enigmáticos
Cap.2 Historias perdidas
Cap.3 Seres misteriosos
Cap.4 Superpoderes
Cap.5 Pasado tecnológico

Volumen 2:
Cap.1 Arquitectura intrigante
Cap.2 Culturas misteriosas
Cap.3 Fenómeno OVNI
Cap.4 Abducciones
Cap.5 El Triángulo de las Bermudas

Volumen 3:
Cap.1 Objetos misteriosos
Cap.2 Asombrosas desapariciones
Cap.3 Sucesos sin explicaciones
Cap.4 Mundo fantasmagórico
Cap.5 Hechizos y brujería

Volumen 4:
Cap. 1 Misterios religiosos
Cap. 2 Misterios científicos
Cap. 3 Animales imposibles
Cap. 4 Viajes en el tiempo
Cap. 5 Videntes y profecías

Volumen 5:
Grandes misterios sin resolver

Libro 6:
Las más grandes teorías conspirativas

Libro 7:
Grandes atracos de la historia

Libro 8:
Asesinos famosos -el lado perverso de la mente-

Libro 9:
Vidas en cautiverio –Historias de secuestro reales-

Libro 10:
Agentes, informantes y traidores -el mundo del espionaje-

9 798822 369886 9